THÉATRE NATIONAL DE L'OPÉRA

OPINION DE LA PRESSE

SUR

LE ROI DE LAHORE

OPINION DE LA PRESSE

sur

LE ROI DE LAHORE

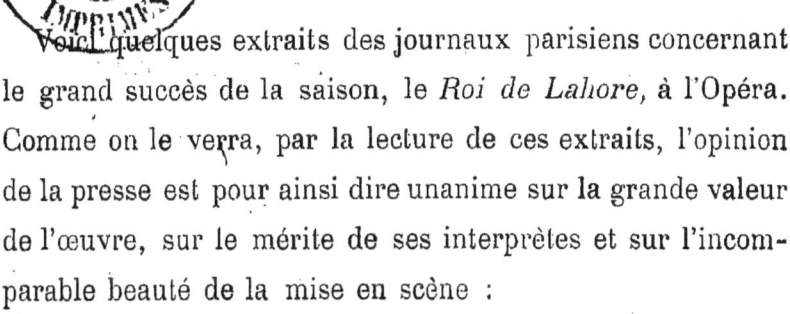

Voici quelques extraits des journaux parisiens concernant le grand succès de la saison, le *Roi de Lahore,* à l'Opéra. Comme on le verra, par la lecture de ces extraits, l'opinion de la presse est pour ainsi dire unanime sur la grande valeur de l'œuvre, sur le mérite de ses interprètes et sur l'incomparable beauté de la mise en scène :

En attendant que je précise et formule en jugement ce qui, à cette heure, n'a d'autre prétention de ma part que d'être la traduction sincère et fidèle de sensations involontairement fugitives, je puis dire, sans m'engager beaucoup, que l'Opéra vient de donner un *bel ouvrage et un beau spectacle.* L'un ne manquera pas d'attirer la foule que l'autre est fait pour retenir. A quelque point de vue qu'on se placera d'ailleurs pour juger les tendances du musicien, il faudra, bon gré ou mal gré, reconnaître qu'on a affaire à un grand musicien.

(*Le Figaro*).   Bénédict.

***

Le *Roi de Lahore* a été représenté vendredi dernier à l'Opéra avec une pompe merveilleuse, un éclat véritablement fulgurant. Jamais, je crois, spectacle plus éblouissant n'a été offert à des yeux mortels. Quelle richesse! Quelle splendeur! Ah! la direction de notre Académie nationale de musique s'est piquée d'honneur et, dans tout ce qui a dépendu d'elle, rien n'a été épargné.

L'éclat de la première représentation, je l'ai dit, a été tout ce qu'il pouvait être et il n'était pas possible qu'un ouvrage monté avec un luxe aussi exubérant n'eût pas tout de suite, et quelles que soient les critiques auxquelles il pourra donner lieu, un retentissement exceptionnel.

(*XIXe Siècle*).   Ch. de la Rounat.

***

Quoi qu'il en soit, il y avait là certainement un cadre merveilleux pour l'harmonie des sons et des couleurs, et le *Roi de Lahore* a eu raison de naître, pour nous convier au magnifique spectacle offert aux élus d'hier.

Spectacle trop beau, peut-être ?... trop beau dans l'intérêt du compositeur.

(*La France*).   Henri de Lapommeraye.

***

Nous voulons entendre une seconde fois l'opéra de M. Massenet avant de le juger ; mais nous n'attendrons pas plus longtemps pour vous dire qu'il a été accueilli sinon avec enthousiasme du moins avec une faveur extrèmement vive. Ce n'est pas un triomphe, mais c'est à coup sûr un succès, et ce succès, nous le croyons, ne peut guère que grandir.

De réelles beautés marquent cette première tentative de M. Massenet dans le grand opéra français, mais ce sont des beautés savantes qui demandent à être goûtées gravement, avec attention et scrupule. Notre première impression a été pareille à celle du public, c'est-à-dire excellente ; mais nous demandons à ne point vous la donner tout de suite. Pour aujourd'hui, nous nous bornerons donc à répéter que le *Roi de Lahore* a réussi.

(*Le Courrier de France*).

***

Assez d'autres raconteront par le menu détail toutes les splendeurs et toutes les curiosités de la mise en scène. L'archéologie orientale et la fantaisie s'y combinent pour le plaisir des yeux. On a particulièrement admiré le paysage aux horizons rougeâtres où l'armée de Lahore a planté ses tentes, au second acte. Quant au paradis d'Indra, c'est un véritable éblouissement.

(*République française*).

***

En attendant notre prochain courrier musical, nous constatons seulement aujourd'hui l'apparition d'une œuvre de maître.

Nous pouvons affirmer ceci en pleine connaissance de cause.

Le résumé de notre impression sur la représentation

d'hier se traduit par l'affirmation d'une *individualité musicale*. M. Massenet cherche à éviter les sentiers battus ; sa musique est austère, grandiose et tendre, selon les situations.

Son orchestration est celle d'un musicien pour lequel la science n'a plus de secrets. La vaste salle de l'Opéra n'est certes pas trop grande pour sa palette. Il vient de le prouver hier, par sa façon d'écrire pour l'orchestre, les chœurs et les chanteurs.

Le public a acclamé le nom de M. Massenet et ses interprètes, de Mlle de Reszké, MM. Lasalle, Salomon, Boudouresque, Menu et Mlle Fouquet, sur lesquels *nous reviendrons, ainsi que sur les splendeurs de la mise en scène, décors et costumes.*

(*Le Télégraphe*).   Magnus.

*
* *

Vendredi a eu lieu, à l'Opéra, la première représentation du *Roi de Lahore*.

Sans parler de ce qui ne nous regarde pas, nous pouvons constater *que, de mémoire d'homme, on n'a jamais vu de plus beau, de plus riche, de plus merveilleux enfin, que les décors et les costumes qui ont défilé sous les yeux du public, pendant toute cette soirée à sensation.*

(*L'Homme libre*).

*
* *

Le cortége militaire de Scindia est une merveilleuse évocation de l'Inde, dans ce qu'elle a de plus pittoresque. *Les décors sont admirables, sans en excepter un.* Citons entre autres, *le Paradis d'Indra* (M. Lavastre), *un jardin féerique qui se prolonge jusqu'à des perspectives sans limites,* et surtout le Désert de Thôl, un admirable paysage de M. Chéret, qu'on prendrait pour un Decamps agrandi.

(*Le Soleil*). JULES GUILLEMOT.

**

Je dois dire que M. Halanzier n'a rien épargné pour donner au Roi de Lahore un cadre digne de l'Académie nationale de musique. Décors et costumes sont superbes. Les costumes ont été dessinés par M. Lacoste, dont le goût et l'érudition sont si fort appréciés des amateurs. Peut-être ferait-il bien de changer les turbans qui ne sont pas indiens; hormis cette faute, facile à réparer, tout est irréprochable.

Le tableau du paradis d'Indra, réglé par M. Mérante, est d'une inexprimable féerie, de mouvement, de lumière et de couleur. C'est là une vision des Mille et une Nuits qui arrachera un cri d'admiration à toutes nos Schéhérazades parisiennes.

(*Le Gaulois*). GEORGES.

**

Citons les morceaux les plus applaudis; c'est au second tableau, l'ensemble final, d'une admirable facture et d'un beau sentiment théâtral, le duo du second acte, l'ensemble du paradis, enfin, au quatrième acte, une cavatine admirablement dite par M. Lasalle et qui a été bissée.

Les décors sont ce qu'ils sont toujours à l'Opéra, de véritables merveilles. Le public a salué de deux salves d'applaudissements le magnifique tableau du troisième acte, représentant le paradis d'Indra, et qui est dû au pinceau de M. Lavastre. Les costumes ont été dessinés par

M. Eugène Lacoste, avec cette richesse de tons et ce sentiment artistique si remarqués l'année dernière dans *Sylvia*.

A bientôt un compte rendu plus détaillé.

(*L'Echo universel*).

*
* *

L'Opéra a fait aux auteurs le plus fastueux accueil : les costumes et les décors du Roi de Lahore sont d'une richesse inouïe, et qui ne saurait être dépassée.

Il est un décor surtout qui défie toute description; M. Halanzier a su se souvenir de la *Légende des siècles* et dire, en la commandant à M. Lavastre :

. . . . . Jamais les Indes, les Chaldées
Et les sculpteurs d'Egypte, ayant l'énigme en eux,
N'auront rien maçonné de plus vertigineux.

La mise en scène a été réglée avec beaucoup de science et de goût.

(*Le Rappel*)

*
* *

Mais quelqu'un qu'il faut bien que je loue aussi et à qui je marchanderai d'autant moins les éloges que je ne les lui prodigue pas souvent, c'est M. Halanzier. En confiant à un jeune homme, qui jusqu'ici n'avait pas donné la mesure complète de son talent, la tâche réellement énorme d'écrire un grand opéra : en le traitant avec la même libéralité, et même avec une magnificence pareille à celle que des maîtres éprouvés par vingt années de succès ont à peine obtenue autrefois, en mettant à sa disposition les dessinateurs les plus érudits et les plus ingénieux, les costumiers les plus opulents, les décorateurs les plus célèbres, *le directeur de l'Opéra a prouvé qu'il n'était pas seulement un administrateur habile, mais encore un véritable artiste lui-même, car c'est être artiste que d'inspirer et de conseiller des artistes comme ceux qui ont concouru à la mise en scène du nouvel opéra. Cette mise en scène est splendide dans toutes ses parties : les costumes sont d'une richesse sans précédent, et les décors, particulièrement celui de l'intérieur du temple au premier acte et celui du désert, sont de véritables œuvres d'art.*

(*Paris-Journal*). FRÉDÉRICK

※
※ ※

Vendredi dernier a eu lieu, à l'Opéra, la première représentation du *Roi de Lahore*, grand opéra en cinq actes et six tableaux, de M. Louis Gallet pour les paroles et de M. J. Massenet pour la musique. Pressés par le temps, nous remettons à huitaine le compte rendu *in extenso* de la partition; mais il nous faut mentionner dès aujourd'hui l'effet réel produit par le nouvel ouvrage du jeune et sympathique compositeur. La grande salle de M. Garnier était pleine jusqu'aux combles d'un public brillant, le président de la République en tête. Les applaudissements n'ont pas manqué à l'œuvre non plus qu'à ses interprètes : M. Lassalle, entre autres, a été particulièrement fêté. *Les décors, les costumes, les danses, forment un véritable enchantement. Jamais, jusqu'ici, l'art de la mise en scène n'a été poussé si loin. C'est une richesse, un éblouissement sans nom ; c'est l'Orient pris sur le fait, avec toutes ses ivresses, avec tout son éclat. Aussi la direction peut-elle revendiquer une grande part dans le succès qui a accueilli l'œuvre montée par elle avec tant de soins et de sollicitude, succès qui, tout le fait espérer, sera de longue durée.* Les artistes chargés des principaux rôles étaient, outre M. Lassalle, Mlles de Reszké, Fouquet, MM. Salomon, Boudouresque et Ménu. L'exécution générale fait le plus grand honneur aux masses chorales et orchestrales, et aussi à leurs vaillants chefs.

(*Gazette musicale*).

*
* *

Voilà le poëme. — On comprend qu'il devait tenter un musicien comme M. Massenet, qui, dédaignant de suivre le sentier battu, veut se frayer lui-même sa route. *On comprend surtout qu'il devait séduire le directeur de l'Opéra, désireux à son tour de prouver encore une fois que l'on fut bien avisé lorsqu'on lui confia le sort de cette grande scène musicale qui veut être la première du monde.* M. Halanzier atteignait du même coup un triple but : il donnait un ouvrage nouveau, ce qui n'est qu'un devoir, il est vrai, mais un devoir assez souvent négligé, par lui moins encore que par ses prédécesseurs ; il choisissait pour cette œuvre nouvelle un compositeur appartenant à la nouvelle génération, celui qu'on lui désignait comme l'un des plus laborieux, réunissant le plus de sympathies et le plus de chances de succès ; — il pouvait, enfin, prodiguer pour la mise en scène de cet ouvrage toutes les magnificences des décors, tout le luxe des costumes ; le sujet du poëme lui laissant le champ libre ; — si bien que ce succès étant dû aux beautés luxuriantes de cette mise en scène, le directeur du théâtre en a sa large part ; il a collaboré en quelque sorte avec les auteurs.

(*La Patrie*). DE THÉMINES.

*
* *

Ce n'est pas ici le lieu de rendre compte de l'œuvre nouvelle ; nous nous bornerons à constater la splendeur du spectacle qui a été offert au public par M. Halanzier ; *c'est un éblouissement, et il est impossible de rêver rien de plus chatoyant, de plus lumineux, de plus artistique et en même temps de plus curieusement exact, que cette mise en scène.*

Voici du reste, d'après le programme, la description de ces merveilleux décors.

(*Le Pays*).

***

Et quelle symphonie encore que celle où sont montrées et animées les subtiles et ineffables voluptés du paradis d'Indra. Les chœurs dansés et chantés sur des arpéges de harpes, le lent adagio du hautbois autour duquel les notes des instruments voltigent comme des papillons affolés de caprice ; le dialogue contrasté des deux saxophones, que commentent avec un si poétique esprit les cors, les bassons et les hautbois ; les variations, les rhythmes, les caprices qui, constamment ramenés à une cadence unique, s'enroulent au motif comme les jeux fleuris du statuaire caressant une ligne architecturale ; les tintements des carillons, envolés comme des oiseaux de flamme, racontent délicieusement, tandis que les danses se déroulent, se succèdent ; les pays radisiaques ! réalisés par le décor où les fleurs géantes, effrénées, vertigineuses, embrassent les grands arbres, retombent en lourdes grappes de pourpre et de rose, épuisent le jaune des carmins et des laques et posent sur les vastes feuilles aiguës des baisers d'aurore, tandis qu'au lointain, dans la blanche lumière, brille la montagne violette au-dessus de la tête d'Indra, immobile, et que le casque de diamants du jeune dieu Naréda brille comme un millier d'astres. Ici Gœthe ne saurait dire : Plus de lumière encore ! Et il me semble même que, dans cet éblouissement de clarté, le plus résigné des bienheureux demanderait quelque chose comme l'ombre d'une feuille sur son front. Mais je m'arrête.

Les interprètes ont été acclamés, et avant tous Mlle de Reské et M. Lassalle.

M. Lassalle, qui a merveilleusement chanté son rôle de

Scindia, a l'air d'un véritable roi indien. Quant à Mlle de Reszké, dont la voix magnifique a si bien fait valoir la scène de la vision et les duos d'amour, elle n'a rien changé à sa beauté polonaise et à sa ruisselante chevelure blonde, et elle a eu bien raison ; que l'Inde s'arrange comme elle voudra !

(*Le National*).   Théodore de Banville.

* * *

Nous sommes heureux de le constater, le *Roi de Lahore* est un succès, un succès bien franc, qui ne doit rien à la camaraderie ni à la réclame.

L'opéra de M. Massenet atteste un talent de premier ordre, *et l'on doit féliciter hautement M. Halanzier qui l'a accueilli et l'a monté avec un luxe de mise en scène inouï.*

(*La Liberté*).   Victorin Joncières.

* * *

On comprend, après avoir vu cette splendide mise en scène, que les auteurs du Roi de Lahore, MM. Gallet et Massenet, aient, par un juste sentiment de reconnaissance, dédié leur ouvrage à M. Halanzier, l'actif et très-intelligent directeur de notre Académie nationale de musique et de danse.

Quant à l'exécution musicale, elle est excellente, Mlle de Reszké dont la voix n'a jamais été plus belle qu'en ce moment, chante et joue le rôle sympathique de Sita avec un réel talent de cantatrice dramatique. Lassalle est superbe sous les habits de Scindia et il a chanté de manière à mériter les honneurs du *bis* une mélodie exquise qui se trouve au 4e acte. Le rôle d'Alim, l'infortuné revenant du paradis d'Indra, n'est pas précisément un rôle brillant ; mais Salomon le chante avec beaucoup de charme et une justesse de voix rare. M. Boudouresque est un noble grand-prêtre ; Mlle Fouquet est très-jolie habillée en jeune garçon, et Menu est tout simplement olympien, majestueusement assis sur le trône de son empire aérien. Les chœurs d'hommes et de femmes donnent d'ensemble, et l'orchestre, si intéressant, si ingénieusement fouillé, — mais un peu trop chargé de cuivres, généralement dans cette partition de Massenet, — s'est montré ce qu'il est, le premier orchestre de France et peut-être de toute l'Europe.

(*Siècle*). OSCAR COMETTANT.

*
* *

Au courant de nos souvenirs, nous venons, aussi brièvement que possible, de résumer le poëme du *Roi de Lahore*. Notre second article sera consacré à l'étude de la partition de M. Jules Massenet, œuvre dont nous dirons avec sincérité les faiblesses, mais dont nous serons heureux de proclamer les très-grandes beautés et le réel succès.

(*Le Bien Public*). DE LORBAC.

*
* *

Dans l'interprétation, M. Lassalle et Mlle Reszké ont eu tous les avantages. *Les décors, les costumes éblouissent l'œil ; allez voir le Roi de Lahore. Mais, par précaution, portez des lunettes.*

(*L'Union*). DANIEL BERNARD.

*
* *

Les décors et les costumes sont ce qu'ils doivent être à l'Académie nationale de musique; l'interprétation est satisfaisante. Lasalle est tombé sur un magnifique rôle; il l'a fort bien interprété; si sa voix s'égarait moins souvent dans les sinus frontaux, ce serait parfait. On lui a fait une ovation après l'arioso du quatrième acte, et c'était justice. Mlle de Reszké a une voix de mezzo-soprano qu'elle pousse jusqu'aux notes aiguës. Mlle de Reszké ne possède qu'insuffisamment la science de la déclamation dramatique, et pratique trop bien l'art d'ouvrir démesurément le son sur une cadence plagale sur une appoggiature et sur toute finale en générale.

Salomon chante avec goût, mais le rôle est trop fort pour lui; en outre, sa prononciation est vicieuse, et il devrait chercher à modifier son accent. Boudouresque manque souvent de notes graves et même de notes élevées. L'orchestre a bien marché, sauf quelques imperfections qui disparaîtront aux représentations suivantes.

En somme, *c'est une brillante victoire* que nous enregistrons, et le très-grand succès que nous constatons fait honneur à l'Opéra et à l'école française, qui compte maintenant un maître de plus dans Jules Massenet.

(*Le Ralliement*).

*
* *

Quant à la partition de Massenet, elle est magistrale. La science, l'imagination, la symphonie, la mélodie y abondent depuis la première page jusqu'à la dernière. Je ne citerai en particulier aucun passage ou morceau. Après une première audition d'un opéra aussi ample, aussi nourri, on ne peut donner qu'une impression d'ensemble. Mais grâce *à la courtoisie de M. Halanzier,* qui convie la presse à une seconde représentation du *Roi de Lahore,* il sera permis de louer la partition en complète connaissance de cause.

A l'issue de la belle victoire que viennent de remporter MM. Halanzier, Gallet, Massenet, j'ai complimenté la di-

rection, les auteurs, les artistes, j'ai signalé les ballets, les costumes, les décors et la mise en scnène. Je me propose de revenir sur les divers éléments qui ont si bien concouru à ce très-grand succès.

(*Constitutionnel*). Hostein.

*
* *

M. Halanzier mérite toutes les félicitations de la critique; il a monté le grand ouvrage d'un jeune compositeur avec un luxe et un goût vraiment remarquables. Le troisième et le quatrième décor sont de toute beauté, et si les décors sont beaux, les costumes de M. Lacoste ne le sont pas moins. Je vous recommande tout particulièrement l'étonnant cortége du roi, au quatrième acte : je n'ai jamais rien vu, pour ma part, de plus original et de plus coloré. C'est une merveilleuse évocation de l'Inde dans ce qu'elle a de plus somptueux et de plus pittoresque.

(*L'Homme Libre*). Stoullig.

*
* *

Les auteurs du *Roi de Lahore,* MM. Gallet et Massenet, ont dédié leur œuvre à M. Halanzier. Ce n'est que justice. Car non-seulement ils n'ont pas un reproche à lui adresser, mais encore ils doivent reconnaître *qu'il a dépassé en richesse et en luxe toutes les merveilles qu'ils avaient pu rêver.*

(*Messager de Paris*). Tassin.

*
* *

Je finirai comme j'ai commencé, en félicitant M. Halanzier, *qui a fait des prodiges de mise en scène.*

Les décors sont splendides, les costumes d'une richesse incomparable. A tel point que, pour regarder le ballet aux chatoiements éblouissants, on aurait presque envie de demander un de ces verres noirs à travers lesquels on observe le soleil les jours d'éclipse.

Mais il n'y a pas seulement luxe, il y aussi bon goût dans toutes ces exhibitions, dans tous ces défilés d'un orientalisme vrai.

Ils vont, cette fois, être définitivement réduits au silence, les bons petits envieux qui trouvaient que M. Halanzier n'était pas un directeur assez artistique.

(*Le Charivari*). Pierre Véron.

*
* *

Somme toute, ce qu'il y a de plus réussi dans l'opéra nouveau, ce qui a droit à un éloge sans réserve, c'est la mise en scène : les costumes sont inouïs de richesse, les décors éblouissants de splendeur. L'un de ceux-ci surtout, le paradis d'Indra, dépasse tout ce que nous avons vu jusqu'à présent. Quand le rideau s'est levé, au troisième acte, découvrant ce paysage merveilleux avec ses arbres fantastiques, son lac se perdant à l'horizon dans une lumineuse transparence, ses légions d'Apsaras et d'âmes bienheureuses groupées autour du dieu et ruisselant comme lui d'or, de soie et de pierres précieuses, il y a eu dans toute la salle un frémissement d'admiration ; les visions féeriques des *Mille et une Nuits* étaient dépassées : *Galland avait trouvé son maître.*

(*La Défense*). Gérald.

*
* *

Jamais, croyons-nous, pareilles splendeurs n'avaient été étalées sur la scène.

M. Halanzier, *jaloux de sa réputation de directeur, s'est montré d'une prodigalité inouïe,* aidé par des artistes de première valeur, comme MM. Eugène Lacoste, pour les costumes, et MM. Rubé, Chaperon, Lavastre, Chéret, etc., *pour les décors.*

Il était impossible de mieux rendre l'Inde, avec sa végétation gigantesque, ses jungles, ses palanquins, ses dieux, ses prêtres, ses guerriers, ses fakirs, ses rajahs et ses femmes.

(*L'Événement*). Tabarin.

* * *

M. Halanzier, *dont chacun connaît l'admirable talent de metteur en scène,* a jeté les billets de banque à profusion pour encadrer dignement le *Roi de Lahore.*

Il n'a pas compté, et il a bien fait, *car jamais à l'Opéra ni ailleurs, une œuvre quelle qu'elle soit n'a été montée d'une façon plus grandiose.*

Le directeur de l'Opéra a, personnellement, remporté hier soir un éclatant succès.

On nous affirme, à la dernière heure, que M. Halanzier aurait pris hier une grave résolution.

En présence du succès du *Roi de Lahore,* il aurait rayé du poëme de *Robert-le-Diable :* « Lahore n'est qu'une chimère ».

(*La Liberté*). Lelio.

* * *

Le compositeur fêté par le public le plus intelligent et le plus dilettante du monde, n'a pas été seul salué par les bravos enthousiastes. La soirée d'enchantements à laquelle M. Halanzier nous avait conviés s'adressait à la fois à l'oreille et aux regards. *Le Directeur a donné la preuve de l'excellence de son goût artistique, pas une critique n'a été trois heures durant adressée à l'œuvre qu'il nous présentait.*

De la partition je n'ai rien à préjuger, mon rôle est plus modeste, je constate seulement que les bravos et les murmures approbateurs se succédaient plus rapides que les morceaux. On bissait, on faisait relever le rideau, on acclamait Mlle de Reszké et Lassalle et Salomon et Boudouresque. Le chef d'orchestre suspendait à chaque instant le mouvement de l'œuvre pour laisser passer l'ouragan de l'enthousiasme.

Mais ce que je puis décrire c'est l'effet prodigieux produit à chaque lever du rideau. Les décors nouveaux sont plus que des pages splendides, ce sont des tableaux de maître dans le cadre majestueux de l'Opéra.

(*L'Estafette*). Strapontin.

*
* *

M. Halanzier a droit aux plus sincères félicitations pour *le zèle et la magnificence qu'il a déployés en cette circonstance.*

Il a accumulé les richesses de décors et de costumes, et a réussi à donner aux yeux l'ensemble le plus séduisant et *le plus artistique* qu'on puisse rêver.

(*Le Télégraphe*). D. Magnus.

*
* *

J'ai fait l'éloge des décors en mentionnant les tableaux. Je n'essaierai pas de décrire les brillants cortéges, les costumes gracieux ou bizarres. J'ai dit que j'étais encore ébloui. *On ne pouvait être plus luxueux et plus artiste en même temps.* M. Halanzier a vaincu tous ses détracteurs. *Quand on monte un ouvrage comme cela, on est digne d'être le directeur du premier théâtre du monde!*

(*Petit Marseillais*).   Théodore Henry.

*
* *

Et maintenant qu'on me permette de constater en terminant que M. Halanzier, ce « directeur de province », qui a été en butte à tant de plaisanteries, vient de monter un grand opéra *avec un goût artistique, un luxe éblouissant, une richesse qui dépassent certainement tout ce qui avait été fait jusqu'à présent sur notre première scène lyrique.*

(*Figaro*).   Un Monsieur de l'orchestre.

*
* *

La mise en scène est ce qu'elle doit être à l'Opéra, suivant les traditions deux fois séculaires de notre Académie de musique. *Le paradis d'Indra est une des choses les plus brillantes qu'on y ait jamais vues.*

(*Le Nord*).   Gustave Bertrand.

*
* *

Peu de temps après que M. Halanzier eut pris la direction de l'Opéra, dans les conditions difficiles que l'on sait, il fut en butte à des critiques sévères, malveillantes, de la part de quelques esprits chagrins. Si ces critiques avaient eu un fondement sérieux, l'accueil qu'il a fait à l'opéra de MM. L. Gallet et Massenet et *la manière dont il l'a monté suffiraient pour les réduire à néant. Qui oserait dire encore que M. Halanzier n'a pas le sentiment artistique, après avoir assisté à la représentation du* Roi de Lahore.

(*L'Entr'acte*). BAUDILLON.

** *

Les décors sont d'une richesse et d'une vérité éclatantes. La vue de Lahore, baignant ses palais et ses pagodes dans l'eau bleue, est une vision exquise. J'aime moins le paradis, déjà fameux du troisième acte. C'est somptueux, mais c'est un fouillis de couleurs qui rappelle les apothéoses souvent criardes des féeries anglaises.

Le défilé du cortége du roi de Lahore est magnifique. Il y a là des costumes qui donnent l'illusion de la réalité.

M. Salomon est très-convenable, M. Lassalle fort remarquable et en grand progrès. Mlle de Reszké, belle à ravir, avec ses longs cheveux blonds, a fait applaudir aussi sa jolie voix.

En somme, *un beau spectacle* et une musique mélodieuse. M. Massenet doit être content.

(*Le Petit Journal*). JULES CLARETIE.

** *

Quant au cadre oriental du *Roi de Lahore*, je ne puis que répéter en d'autres termes ce que j'ai dit une première fois: *c'est un spectacle magique et unique.* La féerie moderne y a peut-être plus de part que la poésie légendaire de l'Inde, le premier né des continents du vieux monde. Il n'eût pas été possible de dresser de sa base au sommet, le paradis brahmanique enroulé autour du cône géant du mont Mérou, et baignant les pieds de pierreries de ses trente millions de dieux dans les mers intérieures qui en font sept fois le tour, je le regrette; mais je suis très-certainement seul à le regretter. *Paris et l'Europe (qui va faire chez nous un voyage dans l'Inde) donneront la préférence au paradis d'Indra avec son fourmillement de houris..... parisiennes.*

(*Figaro*). Bénédict.

***

Nous avons dit les splendeurs de la mise en scène : *c'est le spectacle le plus complet et le plus grandiose que l'Opéra nous ait montré depuis bien longtemps.* L'art du décorateur ne saurait guère dépasser les tableaux du *Désert de Thol*, du *Paradis indien*, et de *la place de Lahore*. Les costumes, dessinés et colorés par M. Lacoste, sont des merveilles de luxe et d'ajustement. On dirait que l'artiste a dévalisé le vestiaire des Péris.

(*Le Moniteur*). Paul de Saint-Victor.

***

Quelques mots encore sur l'interprétation :

Mlle de Reszké était bien la femme qui convenait pour le rôle de Sita. Voix chaude et bien timbrée, voulant peut-être trop prouver.

M. Lassalle, qui a fait de très-réels progrès, est désormais classé au premier rang parmi les Faure et autres illustrations du chant. Sa création du rôle de Scindia lui fait le plus grand honneur, et la salle entière lui a prouvé sa satisfaction.

M. Salomon a eu des moments heureux, et a tiré de son rôle, à notre avis le moins bien réussi, le meilleur parti possible.

MM. Boudouresque et Menu, doués de belles voix, qu'ils manient en artistes, complètent un excellent ensemble,

Le bout de rôle de la charmante Mlle Fouquet n'a point empêché d'apprécier tout son talent.

M. Halanzier a droit aux plus sincères félicitations pour le zèle et la magnificence qu'il a déployés en cette circonstance.

Il a accumulé les richesses de décors et de costumes, et a réussi à donner aux yeux l'ensemble le plus séduisant et le plus artistique qu'on puisse rêver.

(*Le Télégraphe*) 2e article.   D. MAGNUS.

* *

L'interprétation du *Roi de Lahore* est bien près d'être excellente. Salomon a composé avec beaucoup de conscience le rôle très-difficile d'Alim et il le chante très-bien ; ses notes aiguës sont pleines et belles, mais il nous a paru que l'émission de celles du médium laissait quelquefois à désirer. Nous ferons le même reproche à Mlle de Reszké, qui semble réserver tous ses moyens pour faire valoir uniquement le registre élevé de sa voix. Cela nous ennuie un peu d'avoir à lui dire cela, car elle a tenu, d'un bout à l'autre, le rôle de Sita avec l'autorité d'une artiste consommée. Elle a fait des progrès extraordinaires, et la vérité est qu'elle mérite de tous points l'éclatant succès qu'elle a remporté. De même pour Lassalle qui, comme acteur et comme chanteur, est parfait dans le traître Scindia. M. Boudouresque a compris celui de Timour, certainement un des mieux tracés de la partition, et il l'a bien rendu.

Les décors et les costumes sont superbes, et rarement,

même à l'Opéra, avons-nous vu tant de magnificences accumulées. Le paradis d'Indra, au troisième acte, ruisselant de lumières et de pierreries, est peut-être d'un effet un peu criard, mais tout le tableau du quatrième acte : « la Place de Lahore », est irréprochable. On peut faire aussi bien ; mieux, nous en doutons.

(*Le Courrier de France.*)   Ch. BERNARD DE ROSNE.

*
* *

Vous pensez bien que l'Opéra ne pouvait perdre une si belle occasion de faire des miracles de mise en scène. Le tableau du désert est superbe ; celui du paradis d'Indra est un éblouissement ; celui de la place de Lahore est baigné d'une lumière à donner le mal du pays à un Indien, et je doute que l'on puisse se figurer quelque chose de plus pittoresque que le cortége de Scindia. Comme ce cortége-là eût réjoui le pauvre Théophile Gautier !

(*L'Univers illustré.*)   GÉRÔME.

*
* *

Maintenant, l'Opéra n'a pas failli à son devoir et à sa tâche. Nous cherchons dans nos souvenirs et nous ne retrouvons nulle part un si grand soin et un si grand luxe de mise en scène. Les décors en ces six tableaux sont de la plus grande beauté. C'est Lahore, avec son palais d'Indra. C'est le sanctuaire où le Dieu trône sur un autel. C'est le désert de Thol, son ciel enflammé et ses horizons immenses. Ce sont les jardins du paradis d'Indra sur la montagne de Mérou. C'est l'Inde enfin dans sa réalité et dans ses rêves : un voyage au Pendjab. Les costumes sont splendides et dignes en tout de notre premier théâtre. Le succès de Mlle de Reszké, dans le rôle de Sita, a été très-grand. Les belles notes de son soprano ont vigoureusement sonné. Si la voix de M. Salomon manquait de puissance, le baryton de M. Lassalle faisait merveille et entraînait les applaudissements. J'ai à louer M. Boudouresque, qui s'acquitte fort bien de son personnage de Timour, le grand prêtre d'Indra. Tout lui venant en aide, voilà donc un réel succès pour notre Académie de musique, et nos vieux chefs-d'œuvre pourront se reposer. Il était temps de leur faire ces loisirs.

(*L'Illustration.*) M. SAVIGNY.

*
* *

Il faut remercier l'Opéra tout entier (directeur, administration, orchestre) pour le dévouement qu'il a mis au service du jeune maître. La mise en scène est éblouissante. Le Paradis d'Indra est une merveille. Le Désert est un chef-d'œuvre, Nos petits peintres devraient bien s'inspirer de nos décorateurs.

(*Le Peuple.*) Henri BECQUE

*
* *

Je l'ai dit avant que ce fut devenu une banalité, je l'ai répété cette semaine avec tout le monde, et je suis prêt à le répéter autant de fois que l'on voudra : Massenet est à mes yeux, un grand musicien, un charmant et admirable artiste.

Plus d'une fois j'ai constaté le talent de Louis Gallet. Il sait trouver des poëmes favorables à la musique ; il a une précieuse aptitude au rythme, à l'harmonie, au nombre. C'est le poëte rêvé par beaucoup, et que Massenet préfère à tout autre.

Enfin, je louerai et je remercierai M. Halanzier d'avoir monté avec une telle splendeur un ouvrage aussi poétique et d'un genre aussi nouveau que le *Roi de Lahore*. L'habile directeur de l'Opéra, à qui on a longtemps dénié le sens artistique, a compris qu'une pareille œuvre ne pouvait être présentée au public qu'avec tout le déploiement de mise en scène que le sujet comporte, et il n'a pas marchandé les toiles, les costumes; il a fait des miracles.

(*La République des Lettres*.)   Octave FOUQUE.

***

Confiée à MM. Salomon, Lassalle, Boudouresque et à Mlle de Reszké, c'est-à-dire aux principaux sujets de l'Opéra, l'interprétation du *Roi de Lahore* est aussi satisfaisante qu'elle pouvait l'être. Les costumes — on les compte par centaines — sont d'une richesse éblouissante; la magnificence des décors n'a jamais été surpassée. L'intérieur du temple, le désert de Thol avec ses roches calcinées et son ciel de feu, le paradis d'Indra, malgré une crudité de ton qu'il serait facile d'adoucir, sont de véritables merveilles. C'est M. Eugène Lacoste qui a dessiné les costumes.

M. Massenet étant arrivé à l'Opéra, il faut espérer que d'autres, jeunes aussi, ou jeunes encore, y arriveront après lui. Pourquoi donc toujours jeter la pierre à M. Halanzier et répéter sans cesse qu'il est hostile aux talens nouveaux? Saurait-on prétendre à l'honneur d'être admis sur notre première scène lyrique sans avoir fait ses preuves ailleurs? Ah! parmi ceux qui récriminent contre le fortuné directeur de l'Opéra, il en est plus d'un qui devrait bien se demander ceci : Qu'a donc fait de moins pour moi ce directeur-là que tel autre?

(*Journal des Débats*.)   E. REYER.

Paris. — Imp. Paul DUPONT, 41, rue J.-J.-Rousseau. 1385.5.77

www.ingramcontent.com/pod-product-compliance
Lightning Source LLC
Chambersburg PA
CBHW060634050426
42451CB00012B/2589